これからの未来、どう考えて、
どう生きていく？

きみを強くする50のことば

著 工藤勇一
横浜創英中学・高等学校 校長

絵 佐々木一澄

かんき出版

はじめに

こんにちは。この本《ほん》を手《て》にしてくれて、どうもありがとう。

ぼくは神奈川県《かながわけん》にある横浜創英中学《よこはまそうえいちゅうがく》・高等学校《こうとうがっこう》で、校長《こうちょう》をしています。その前《まえ》は東京都《とうきょうと》の麹町中学校《こうじまちちゅうがっこう》で、学校《がっこう》の「これってヘンじゃない?」「こうすればいいのに」というところを先生《せんせい》たちや生徒《せいと》、保護者《ほごしゃ》のみなさんと一緒《いっしょ》に見直《みなお》しながら、みんながワクワクできる学校《がっこう》づくりを進《すす》めてきました。

きみにひとつ聞《き》きたいことがあるんだ。

きみは、どんな大人《おとな》になりたいですか?
そして、どんな世《よ》の中《なか》で生《い》きていきたいですか?

もしかすると、「大人《おとな》って大変《たいへん》そうだなぁ」「世《よ》の中《なか》なんてイヤなことばかり」「ずっと子《こ》どものままでいたいなぁ」なんて思《おも》っているかもしれないね。でも本当《ほんとう》はね、毎日《まいにち》ハツラツとしていて、ピンチのときもそれを楽《たの》しむかのように乗《の》りこえていける、キラキラした大人《おとな》が世《よ》の中《なか》にはたくさんいるんだよ。

どうしたら、そうしたすてきな大人《おとな》になれるのかな？

その疑問《ぎもん》を解《と》くカギは、「自律《じりつ》」、そして「尊重《そんちょう》」にあるとぼくは思《おも》うんだ。「自律《じりつ》」とは、自分《じぶん》で考《かんが》え、自分《じぶん》で判断《はんだん》し、自分《じぶん》で決定《けってい》して、自分《じぶん》から行動《こうどう》すること。そして「尊重《そんちょう》」とは、まわりの人《ひと》のちがいを認《みと》め、自分《じぶん》もふくめてすべての人《ひと》を大切《たいせつ》にすること、って考《かんが》えてくれたらいいな。

自分《じぶん》らしくすてきな人《ひと》には、自律《じりつ》が備《そな》わっている。そして自律《じりつ》した人《ひと》こそ、まわりを尊重《そんちょう》できるようになるんだね。だから自分《じぶん》の人生《じんせい》に手応《てごた》えを感《かん》じられるし、いろんな人《ひと》といい関係《かんけい》でいられるのだと思《おも》うんだ。

だけど「自律《じりつ》」も「尊重《そんちょう》」も、すぐに身《み》につけられるわけじゃない。さまざまな経験《けいけん》をいくつも重《かさ》ねて、つちかわれていくものなんだ。

そして「自律《じりつ》」と「尊重《そんちょう》」は、これからの世《よ》の中《なか》にはより欠《か》かせないものになってくると、ぼくは考《かんが》えています。

なぜなら社会《しゃかい》のわく組《ぐ》みが、どんどん変《か》わりつつあるから。新《あたら》しい技術《ぎじゅつ》が生《う》まれ、学《まな》び方《かた》や働《はたら》き方《かた》、遊《あそ》び方《かた》に買《か》い物《もの》などの暮《く》らしのしくみ、病気《びょうき》とのつき合《あ》い方《かた》だって、近《ちか》い将来《しょうらい》、今《いま》とはまったくちがうものになるかもしれない。それに、格差《かくさ》や差別《さべつ》、世界《せかい》の紛争《ふんそう》、環境破壊《かんきょうはかい》など、さまざまな問題《もんだい》がより複雑《ふくざつ》になっている。

何《なに》が正《ただ》しいかはだれもわからないけれど、自分《じぶん》で答《こた》えを出《だ》さないといけない場面《ばめん》が、今《いま》よりもっと増《ふ》えていくはずです。

そしてこのとき、まわりの人《ひと》たちの幸《しあわ》せを意識《いしき》しながら、自分《じぶん》で考《かんが》えて判断《はんだん》し、行動《こうどう》することが求《もと》められるんだよね。

そこでこの本《ほん》では、きみがすてきな大人《おとな》に近《ちか》づくヒント、つまり、「自《じ》律《りつ》」と「尊重《そんちょう》」につながる考《かんが》え方《かた》や過《す》ごし方《かた》をまとめました。述《の》べていることは、ぼくがふだん学校《がっこう》でもみんなに伝《つた》えていることなんだよ。

もし読《よ》んでいて、いつもの自分《じぶん》と照《て》らし合《あ》わせてドキッとするところがあったら、そのことについてもっと深《ふか》く考《かんが》えてみてください。

そして今後《こんご》きみがこうしたいという答《こた》えが見《み》つかったら、ぜひ一度《いちど》実行《じっこう》に移《うつ》してみてください。それが、きっときみの自律《じりつ》の一歩《いっぽ》になるはずです。

この本《ほん》を通《つう》じてきみの行動《こうどう》が変《か》わり、世《よ》の中《なか》ってまんざらでもないって思《おも》えるきっかけとなったらうれしいです。

横浜創英中学《よこはまそうえいちゅうがく》・高等学校《こうとうがっこう》 校長《こうちょう》
工藤勇一《くどうゆういち》

保護者のみなさんへ

日々学校で子どもたちと接していると、彼らが生きづらさを感じているように映ることがあります。

子ども同士の世界は、毎日がドラマのよう。意見の食い違いや友だちとのケンカ、自分の思っていたように事が運ばないことだってたくさんあります。そして中には目の前の出来事をネガティブにとらえ、次の一歩を踏み出すことのできない子どももいます。

そうなるのには、私たち大人にも責任があります。過度に先回りして「みんなと仲良くすべき」「テストでいい点を取るべき」と、あるべき論で子どもと接してしまいがちだからです。

「あるべき論」で育った子どもは、そうじゃなかったときのギャップにうまく適応できません。そしてギャップが生じたことを誰かのせいにし、ついには自分を嫌いになっていくのです。

これからの世の中は、多様性の時代と言われています。現実をありのままに受け入れ、ギャップを乗り越える力が問われることになるでしょう。

それは、どんな環境の中でも当事者意識を持って事に当たる力、と言い換えることもできます。そして当事者意識を支えるのは、自分で考え判断し行動に移す「自律」と、すべての人に対する「尊重」の姿勢です。

そこで本書では、この「自律」と「尊重」について、小学生にもわかりやすく、できるだけ具体的な表現でまとめました。もし臆病な自分に別れを告《つ》げたいともがいている子がいたならば、この本を読んで新しい自分に出会うヒントを見つけてほしいと思っています。

そして当事者として、自分の足でたくましく人生を歩むきっかけとなれば幸いです。

もくじ

人《ひと》とつながるヒント

学《まな》ぶときのヒント

挑《ちょう》戦《せん》するためのヒント

楽《たの》しく生《い》きるヒント

1

自《じ》分《ぶん》をきたえるヒント

自《じ》分《ぶん》をきたえるヒント❶

与《あた》えられることに慣《な》れない。

だれかにやってもらったり、
用意《ようい》してもらったりばかりだと、
自分《じぶん》で考《かんが》えたり、
決《き》めたりできなくなる。
そして、うまくいかないことがあると
人《ひと》のせいにしてしまう
自分《じぶん》になってしまうよ。

自《じ》分《ぶん》をきたえるヒント2

自《じ》分《ぶん》で考《かんが》え、自《じ》分《ぶん》で決《き》めて、自《じ》分《ぶん》から動《うご》く。

大人《おとな》になったら、まわりから
「○○しなさい」と言《い》われることはなくなる。
今《いま》から自分《じぶん》で考《かんが》え、自分《じぶん》で決《き》めて、
自分《じぶん》から行動《こうどう》するくせをつけていこう。

自《じ》分《ぶん》をきたえるヒント 3

三《みっ》日《か》坊《ぼう》主《ず》な自《じ》分《ぶん》を責《せ》めない。

新《あたら》しいことを続《つづ》けるのが難《むずか》しいのは、きみが「あきっぽい」とか「だらしない」からじゃない。それはね、脳《のう》が慣《な》れるまでに時《じ》間《かん》がかかるからなんだ。

自分《じぶん》を責《せ》める
必要《ひつよう》はないよ。

自分《じぶん》をきたえるヒント4

くり返《かえ》せるようなしかけをつくる。

脳《のう》が新《あたら》しいことに慣《な》れるには
「くり返《かえ》し」が大切《たいせつ》。
だから一流《いちりゅう》のスポーツ選手《せんしゅ》は
ベストなプレーができるように、

ルーティンでくり返《かえ》しをしているんだ。

自分《じぶん》をきたえるヒント 5

今《いま》、このときの精《せい》いっぱいで臨《のぞ》む。

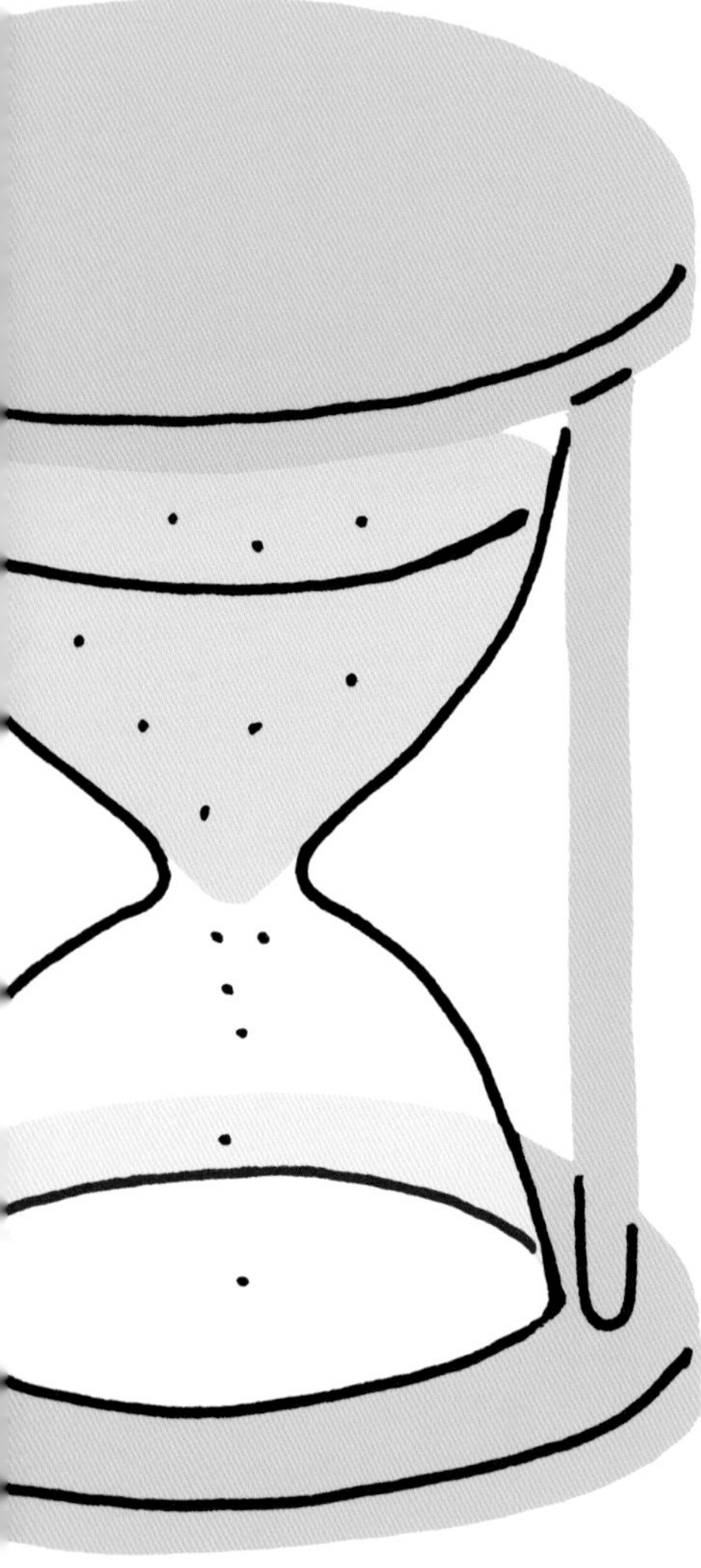

ひっくり返《かえ》したばかりの砂《すな》時《ど》計《けい》のように、
やらなきゃいけないことがいっぱいだったとしても、
そのときにやれることは限《かぎ》られている。
砂《すな》時《ど》計《けい》の砂《すな》の落《お》ちる速《はや》さは、いつも同《おな》じ。
だからあせらずに、今《いま》この一《いっ》瞬《しゅん》に
精《せい》いっぱいで臨《のぞ》もう。それがきみのベストだ。

自分《じぶん》をきたえるヒント6

「当《あ》たり前《まえ》」を疑《うたが》ってみる。

「みんながやっているから」

「前《まえ》からそうだから」って、

それが正《ただ》しいこと、

ベストなこととは限《かぎ》らない。

当《あ》たり前《まえ》を疑《うたが》うことで、

見《み》えてくることがあるよ。

自分《じぶん》をきたえるヒント7

心《こころ》なんて、
そもそもわからない。

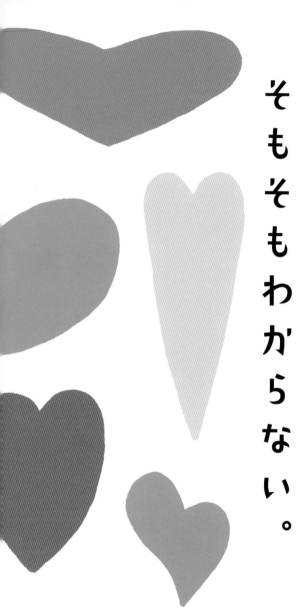

そもそも自分《じぶん》の心《こころ》でさえわからない。
だから人《ひと》の心《こころ》なんて、
もっとわからないんだよ。
人《ひと》にやさしくとか、
みんなと仲良《なかよ》くとか、
実《じつ》はかんたんなことじゃないんだ。

自分《じぶん》をきたえるヒント 8

ガマンをするよりも、解決《かいけつ》のために動《うご》く。

困《こま》ったときに大事《だいじ》なのは、ガマンじゃない。
どうやって解決《かいけつ》するかだよ。
ひとりではムリなら、まわりの知恵《ちえ》を借《か》りよう。
人《ひと》にたよれる力《ちから》も、ときには必要《ひつよう》なんだ。

自《じ》分《ぶん》をきたえるヒント 9

イヤな気《き》分《ぶん》のときの自《じ》分《ぶん》を観《かん》察《さつ》する。

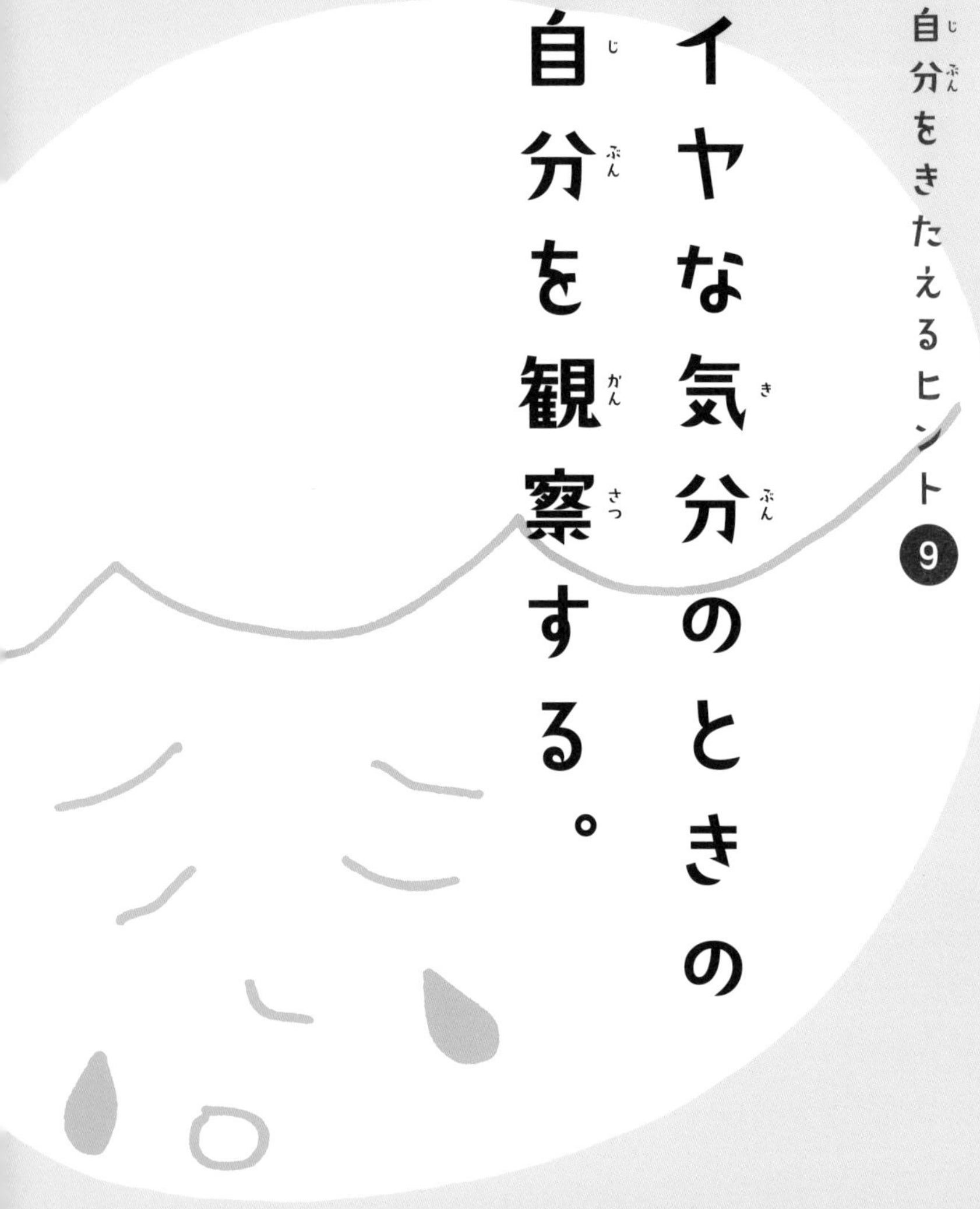

イヤな気分《きぶん》になった、
イヤなふるまいをしたときは、
「どうしてそうなったのか」と
一歩《いっぽ》引《ひ》いて、自分《じぶん》のことを観察《かんさつ》してみよう。
理由《りゆう》がわかったら、イヤな場面《ばめん》をさける方法《ほうほう》や、
今《いま》までとちがう対応《たいおう》ができないか考《かんが》えてみよう。

自分《じぶん》をきたえるヒント10

大人《おとな》の言《い》うことにこだわりすぎない。

大人《おとな》にもいろんな考《かんが》えの人《ひと》がいるし、

大人《おとな》だからといって、

いつも正《ただ》しいとは限《かぎ》らない。

親《おや》や先《せん》生《せい》の言《い》うことに

こだわりすぎず、自《じ》分《ぶん》で判《はん》断《だん》しよう。

2

人《ひと》とつながるヒント

人《ひと》とつながるヒント 1

全《ぜん》員《いん》ちがって オーケー。

好《す》きなことも、得意《とくい》なことも、

大切《たいせつ》にしていることも、

生《う》まれ育《そだ》った環境《かんきょう》も、

一人《ひとり》ひとりがオリジナルで、

かけがえのないもの。だから

自分《じぶん》とちがう考《かんが》えや立場《たちば》も、

オーケーと受《う》け止《と》めよう。

人《ひと》とつながるヒント 2

「きらい」でも、いじわるはしない。

だれでも「きらいだ」
「気《き》が合《あ》わないな」
という人《ひと》はいる。
大人《おとな》だってそうだ。
でもいじわるはしないよ。
考《かんが》え方《かた》や感《かん》じ方《かた》のちがいを知《し》ることは、
自分《じぶん》を知《し》ることにもつながるよ。

意《い》見《けん》のちがいは当《あ》たり前《まえ》。

自《じ》分《ぶん》とまったく同《おな》じ人《ひと》はいない。
世《よ》の中《なか》にはいろんな人《ひと》がいる。
意《い》見《けん》のちがいが起《お》こるのは当《あ》たり前《まえ》だよ。
意《い》見《けん》がちがうことに臆《おく》病《びょう》にならないで。

人《ひと》とつながるヒント 4

イライラはいったん切《き》りはなす。

意《い》見《けん》がかみ合《あ》わないときって、
イライラするから困《こま》るよね。
そういうときこそ落《お》ち着《つ》いて！
イライラのコントロールには
ちょっと練《れん》習《しゅう》がいるんだ。

人《ひと》とつながるヒント5

全員《ぜんいん》がハッピーになる答《こた》えを見《み》つける。

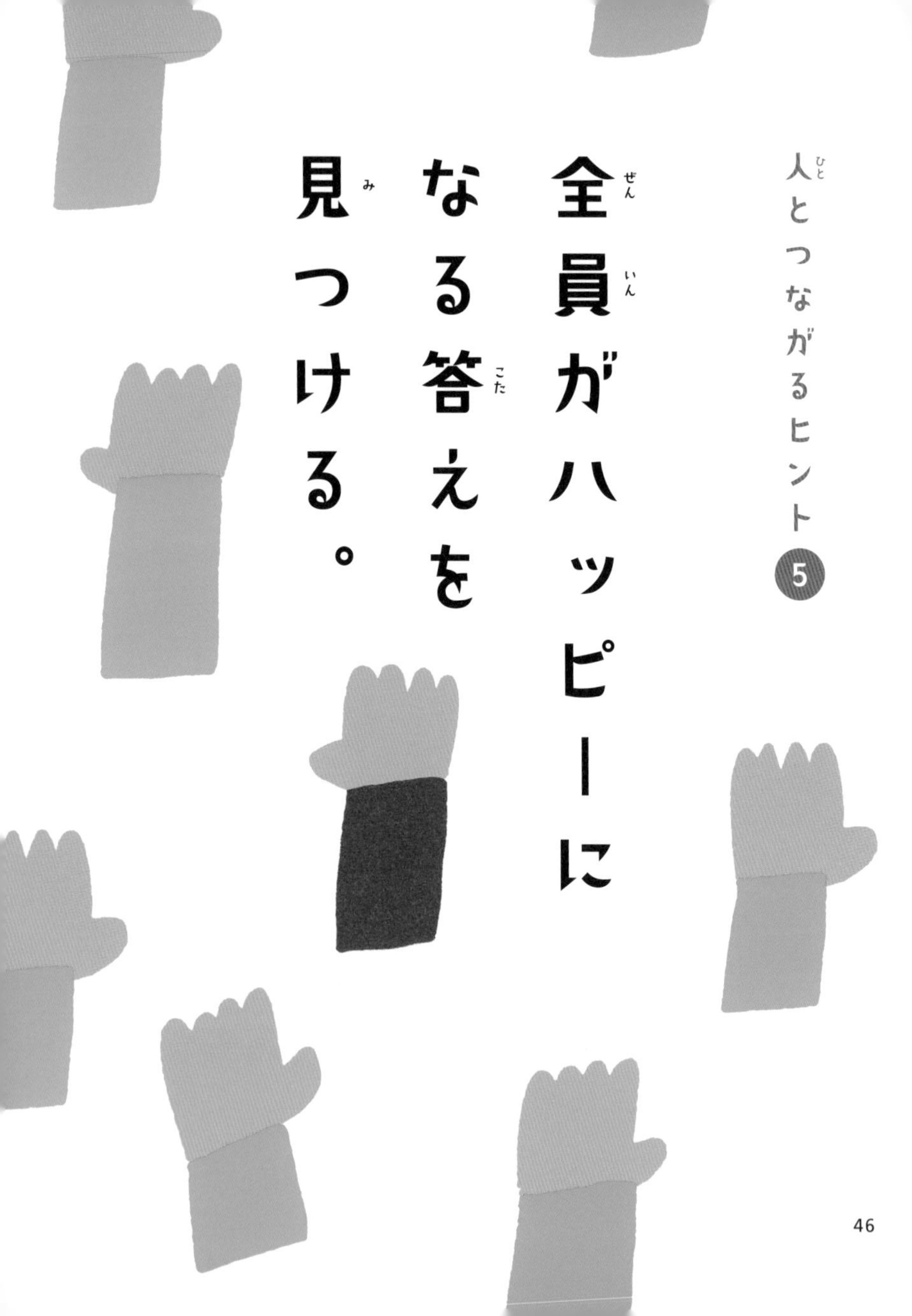

みんなの意見《いけん》が
たとえちがっていても、
だれひとり取《と》り残《のこ》さずに
全員《ぜんいん》がハッピーになれる
答《こた》えを見《み》つけることが
大事《だいじ》なんだ。

人《ひと》とつながるヒント6

みんなの「いちばん」にもどる。

意《い》見《けん》が対《たい》立《りつ》したときは、
みんなの「いちばん」を
確《かく》認《にん》しよう。

たとえば
「勝《か》つこと」なのか、
「楽《たの》しむこと」なのか。
全《ぜん》員《いん》が大《たい》切《せつ》にしている
ことがわかれば、
必《かなら》ず答《こた》えは見《み》えてくるよ。

人《ひと》とつながるヒント7

相手《あいて》の感《かん》じ方《かた》を想像《そうぞう》しながら話《はな》す。

言《こと》葉《ば》は伝《つた》わることではじめて、
意《い》味《み》を持《も》つ。きみがどう思《おも》っていても、
受《う》け止《と》め方《かた》は相《あい》手《て》しだい。
何《なに》気《げ》ないひと言《こと》も、聞《き》き手《て》が
どう感《かん》じるかを想《そう》像《ぞう》しながら
話《はな》してみよう。

人《ひと》とつながるヒント 8

ケンカを乗《の》りこえることにこそ意《い》味《み》がある。

ケンカは苦《くる》しい。

でも、どの言葉《ことば》やふるまいが

相手《あいて》や自分《じぶん》を傷《きず》つけたのか、

ケンカせずにすむ方法《ほうほう》は

あったのか、どうすれば

仲直《なかなお》りできるのかを、

考《かんが》えるチャンスでもある。

人《ひと》とつながるヒント9

信《しん》用《よう》されるって けっこう難《むずか》しい。

人《ひと》は行動《こうどう》の積《つ》み重《かさ》ねで評価《ひょうか》されるもの。
信用《しんよう》は少《すこ》しずつ長《なが》い時間《じかん》をかけて、
やっとつくり上《あ》げられるものなんだよ。

人《ひと》とつながるヒント10

友《とも》だちは多《おお》くなくてもいい。

たくさんの友《とも》だちがいるのもいいし、

ひとりでいたってかまわない。

みんなと合《あ》わせる、合《あ》わせないは、

きみが決《き》めればいいんだ。

3

学《まな》ぶときの
ヒント

学《まな》ぶときのヒント 1

勉《べん》強《きょう》は「わからない」を「わかる」に変《か》えること。

勉《べん》強《きょう》とは、できない・わからないものを、
できる・わかるに変《か》えることが大事《だいじ》。
宿《しゅく》題《だい》をすることや机《つくえ》に向《む》かうことが、
大《だい》事《じ》なのではないよ。

学《まな》ぶときのヒント 2

勉《べん》強《きょう》のねらいを決《き》めて取《と》り組《く》む。

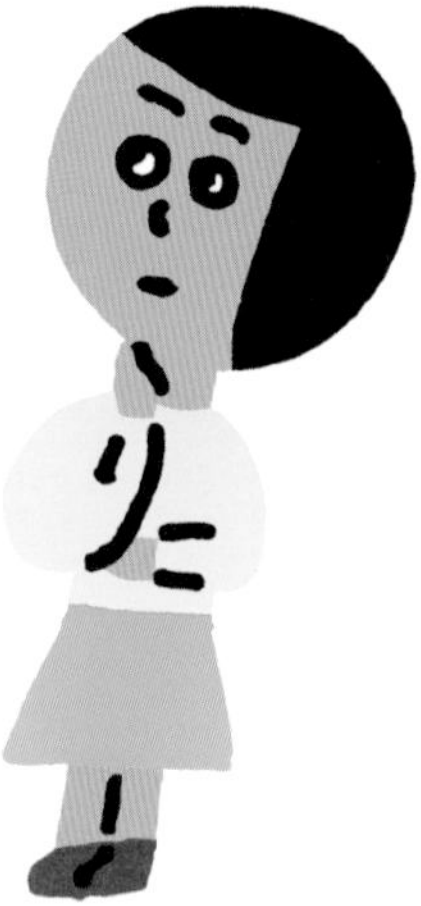

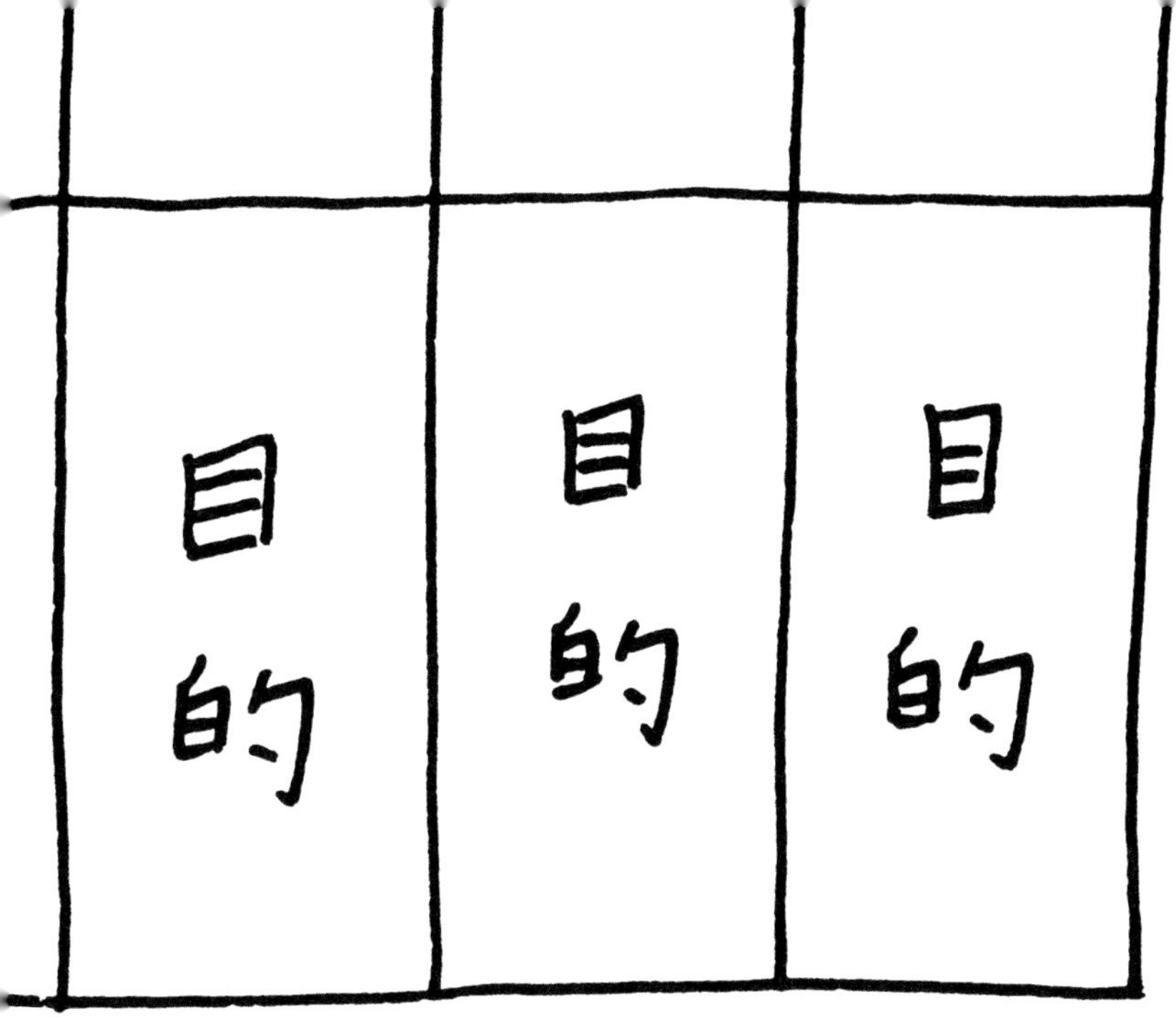

たとえば漢《かん》字《じ》の練《れん》習《しゅう》は、

漢《かん》字《じ》を覚《おぼ》えるのが目《もく》的《てき》だよね。

10回《かい》書《か》くことが大《だい》事《じ》なわけじゃない。

何《なん》のためにやるのか、

ねらいを決《き》めて勉《べん》強《きょう》しよう。

学《まな》ぶときのヒント 3

勉《べん》強《きょう》は結《けっ》果《か》じゃない。

テストで100点《てん》を
とるのがすごいんじゃない。
100点《てん》をとるまでに
積《つ》み重《かさ》ねたいろんな学《まな》びや
経《けい》験《けん》にこそ、価《か》値《ち》がある。

学《まな》ぶときのヒント 4

学《まな》びのアクションはいっぱいある。

わからないものとにらめっこしていても、
何《なに》も変《か》わらないよ。
先生《せんせい》や友《とも》だちやまわりの大人《おとな》に聞《き》いたり、
教科書《きょうかしょ》やインターネットや図書館《としょかん》で調《しら》べたり。
「わからない」を「わかる」に
変《か》えるアクションはいろいろあるから、
何《なに》かためしてごらん。

学《まな》ぶときのヒント 5

自《じ》分《ぶん》に合《あ》った学《まな》び方《かた》を見《み》つける。

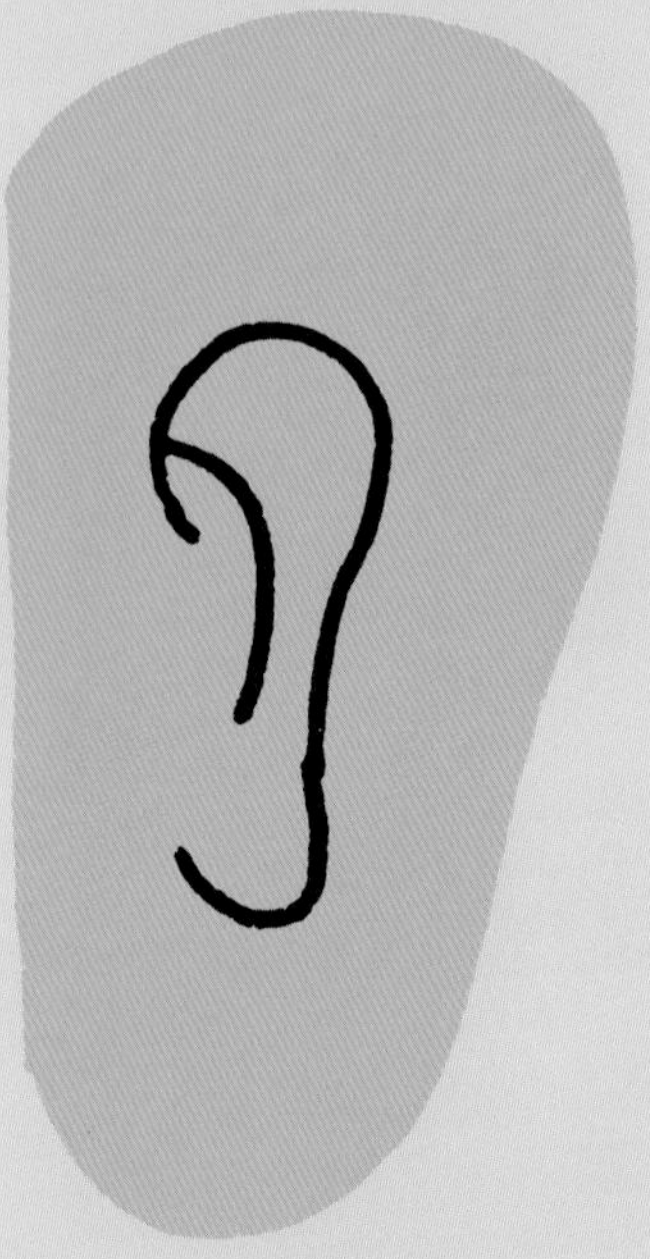

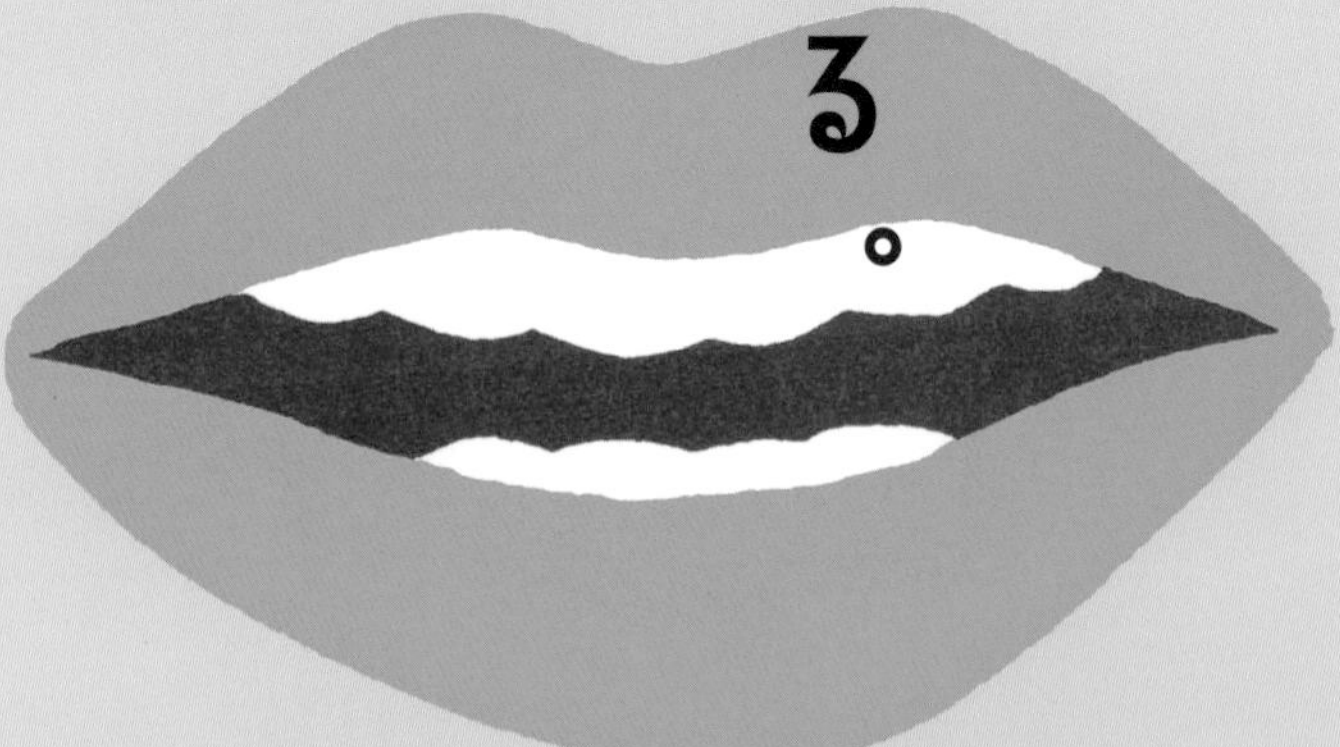

覚《おぼ》える方法《ほうほう》は、いろいろある。
見《み》る、聞《き》く、書《か》く、読《よ》む、
ベストなやり方《かた》はきみしだい。
たくさん試《ため》すことで、
自分《じぶん》に合《あ》った学《まな》び方《かた》が、
必《かなら》ず見《み》つかるよ。

学《まな》ぶときのヒント 6

ときには遠《とお》まわりも大《だい》事《じ》。

できるだけ近《ちか》道《みち》で勉《べん》強《きょう》を終《お》わらせたい気《き》持《も》ちもわかる。

でも失敗《しっぱい》と工夫《くふう》を何度《なんど》もくり返《かえ》してこそ
見《み》つかる発見《はっけん》があるんだ。
自分《じぶん》で見《み》つけた方法《ほうほう》こそが、
本当《ほんとう》の近道《ちかみち》なのかもしれないね。

学《まな》ぶときのヒント7

メモは未来《みらい》の自分《じぶん》へのメッセージ

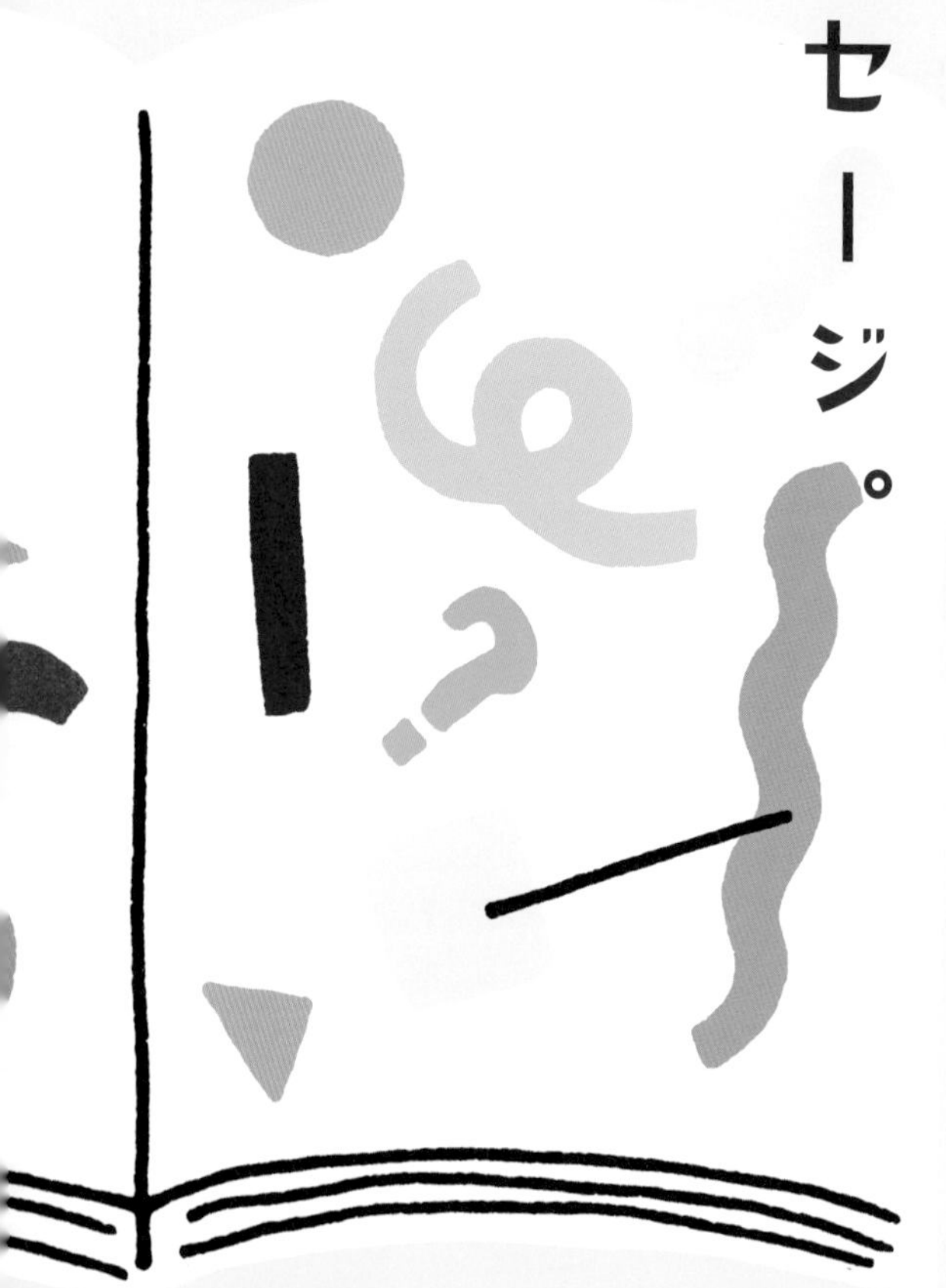

ノートをとるのなら、
あとで見《み》返《かえ》すことを意《い》識《しき》して、
気《き》づいたことや大《だい》事《じ》だと感《かん》じたところを
自《じ》分《ぶん》の言《こと》葉《ば》でまとめよう。
メモは、未《み》来《らい》の自《じ》分《ぶん》を助《たす》けるメッセージなんだ。

学《まな》ぶときのヒント 8

教《おし》え合《あ》いはいいことずくめ。

教《おし》える側《がわ》は覚《おぼ》えたことが
さらにしっかり
身《み》につくし、
教《おそ》わった側《がわ》は
できないことが
できるようになる。
そればかりか、どちらも気《き》づきがたくさんあって、
自分《じぶん》の考《かんが》えをより深《ふか》めることもできるよ。

学《まな》ぶときのヒント 9

「好《す》き」を味方《みかた》につけて学《まな》ぶ。

たとえば、海外《かいがい》のサッカーチームをきっかけに
その国《くに》のことに興味《きょうみ》がわいて、地理《ちり》や歴史《れきし》、
文化《ぶんか》を調《しら》べたり、言葉《ことば》を勉強《べんきょう》したりすると、
どんどん頭《あたま》に入《はい》ってくる。
「好《す》き」を味方《みかた》につけると、
たくさんのことを学《まな》べるよ。

学《まな》ぶときのヒント 10

学《まな》びは一《いっ》生《しょう》もの。

学《がっ》校《こう》を卒《そつ》業《ぎょう》したら、
勉《べん》強《きょう》はおしまい？
とんでもない！
実《じつ》は大人《おとな》になってからのほうが

学《まな》びはグッとおもしろくなる。
世《よ》の中《なか》から
たくさん学《まな》べる人《ひと》になろう。

4

挑《ちょう》戦《せん》するためのヒント

挑《ちょう》戦《せん》するためのヒント１

できるところから はじめる。

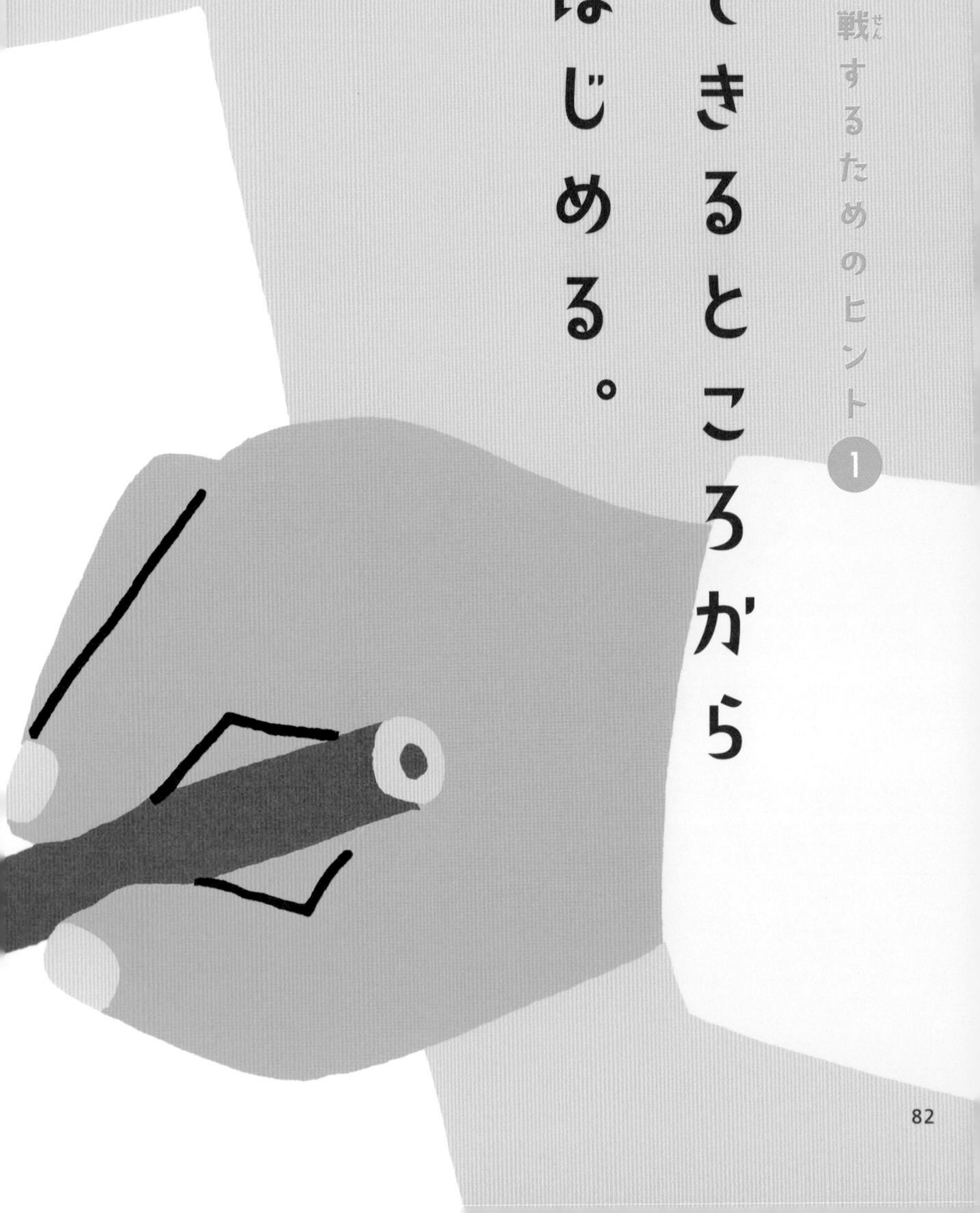

ものごとを変《か》えていくときは、

最《さい》初《しょ》からすべて

うまくいくことはない。

できるところ、

やりやすいところから、

少《すこ》しずつはじめよう。

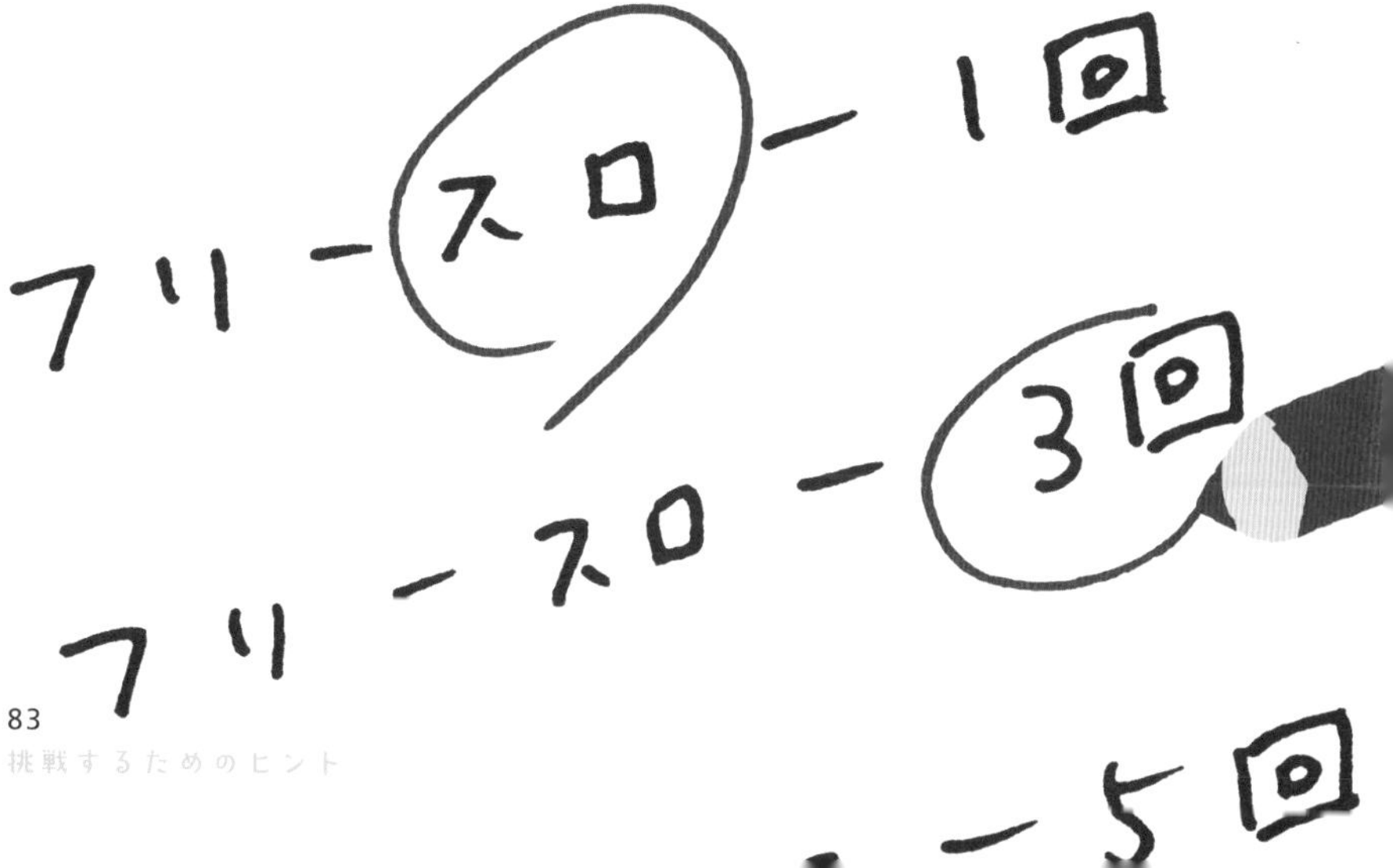

挑戦《ちょうせん》するためのコツ 2

「やらないこと」を決《き》める。

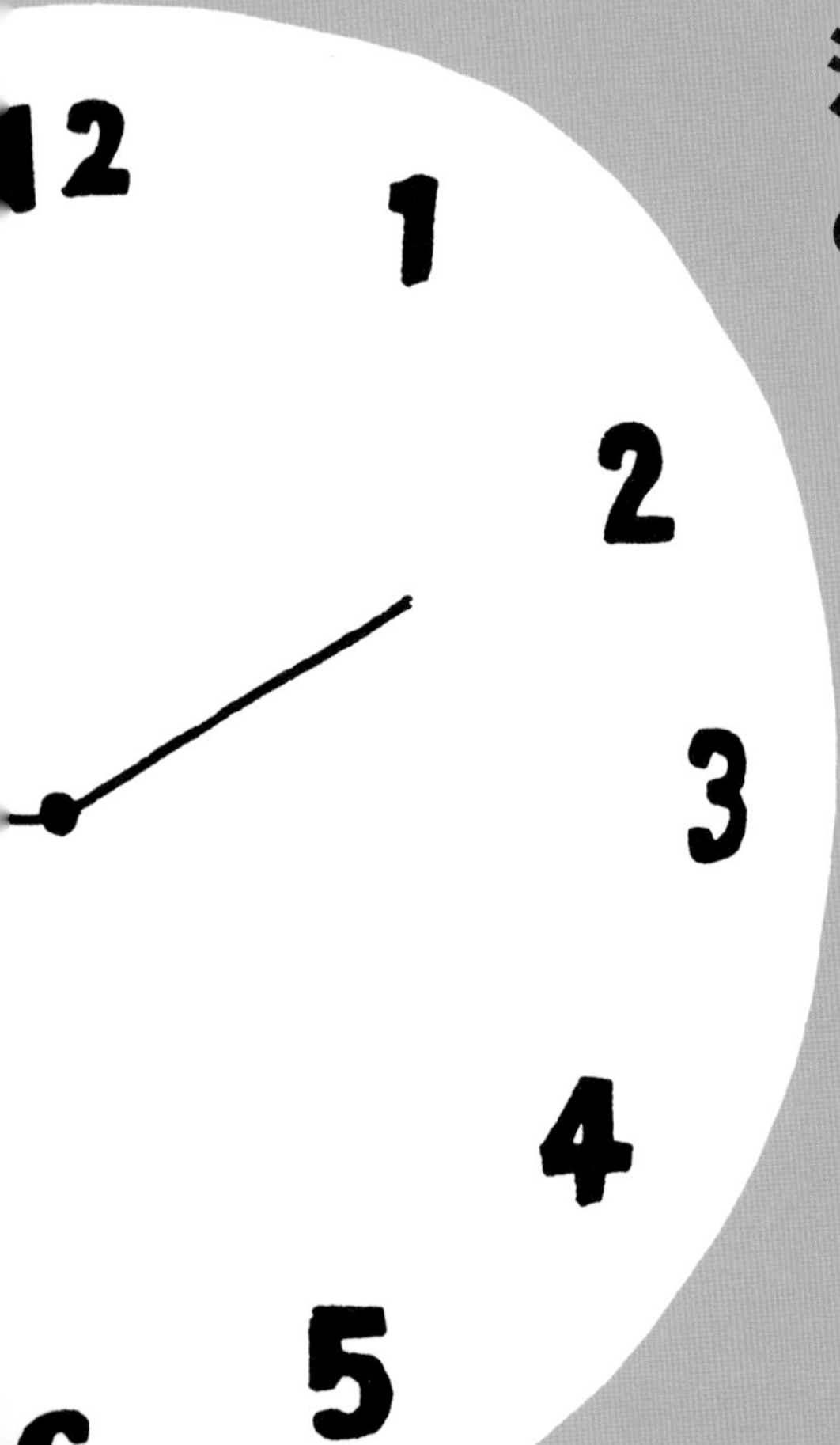

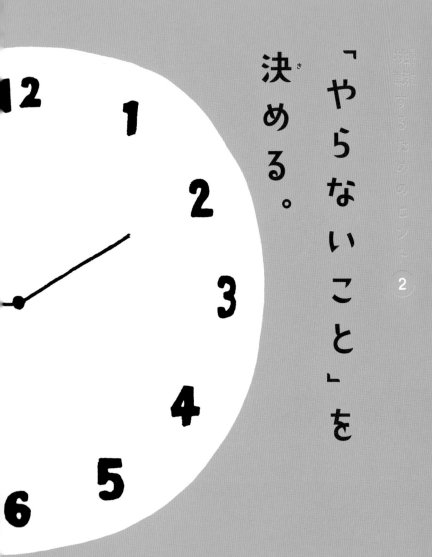

1日《にち》は24時間《かん》、1年《ねん》は365日《にち》と限《かぎ》られている。
あれもこれもと欲張《よくば》ると、何《なに》も
達成《たっせい》できないまま、時間《じかん》だけが過《す》ぎていく。
「やらないこと」を決《き》めるのも、大切《たいせつ》なことだよ。

挑《ちょう》戦《せん》するためのヒント③

気《き》合《あい》や根《こん》性《じょう》だけで進《すす》まない。

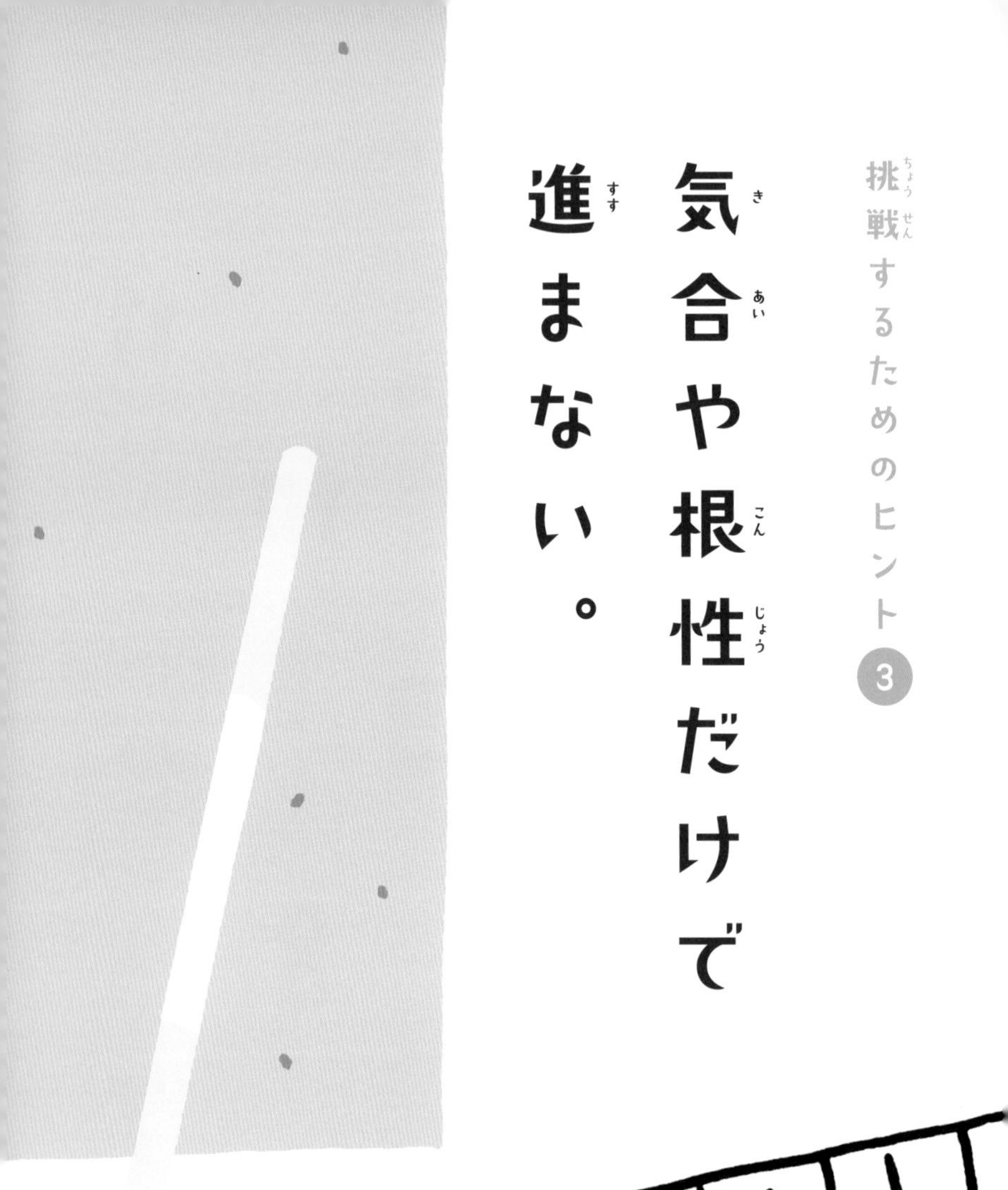

新《あたら》しい挑《ちょう》戦《せん》には困《こん》難《なん》がつきもの。

そして気《き》合《あい》と根《こん》性《じょう》で壁《かべ》に向《む》かっても、

はね返《かえ》されることがほとんどだ。

カギは、ピンチになった自《じ》分《ぶん》を

冷《れい》静《せい》にとらえること。

そしてどうしたら

「壁《かべ》をこえられるか」を考《かんが》えよう。

どんなふうに がんばったのかを ふり返《かえ》る。

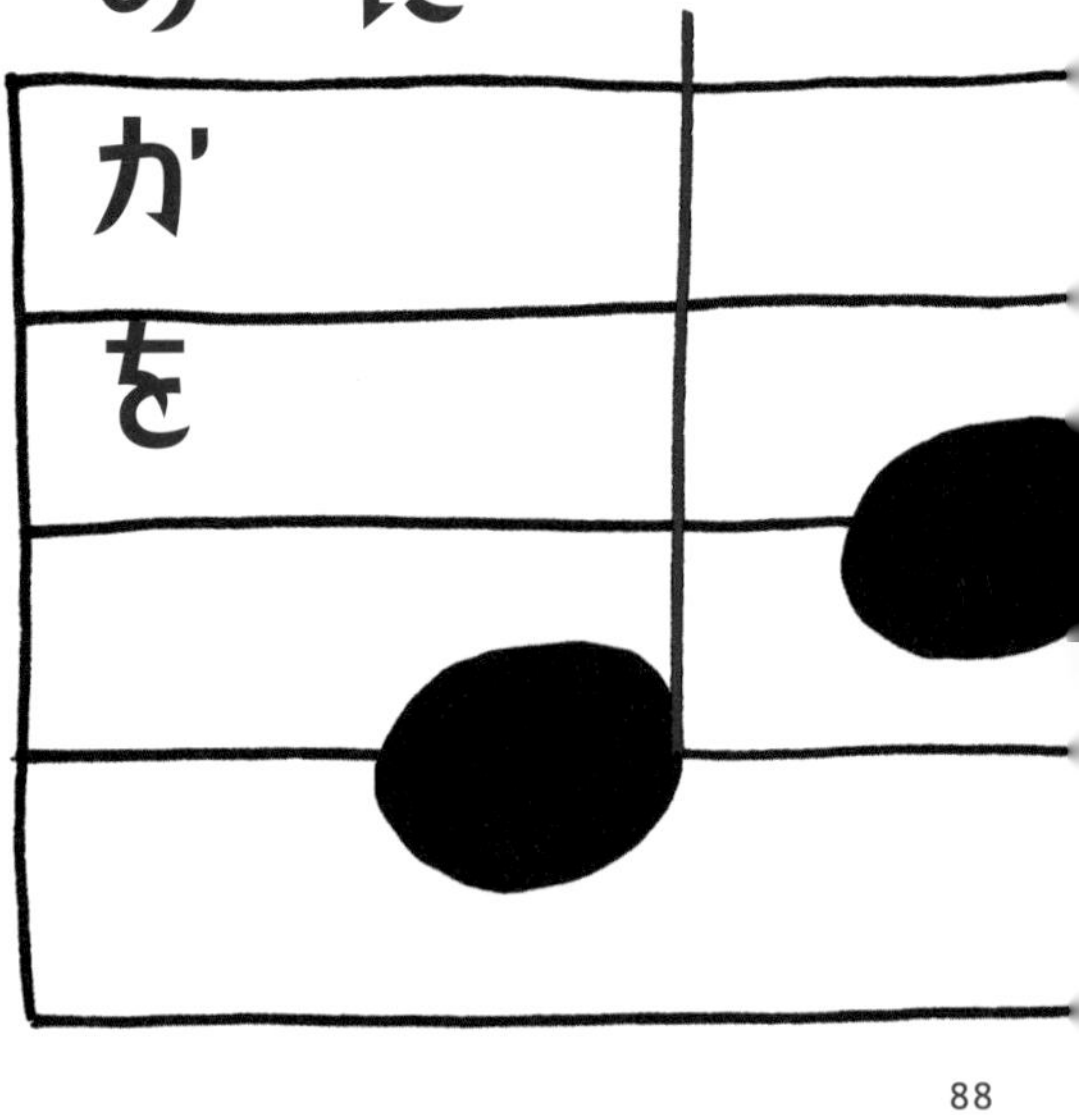

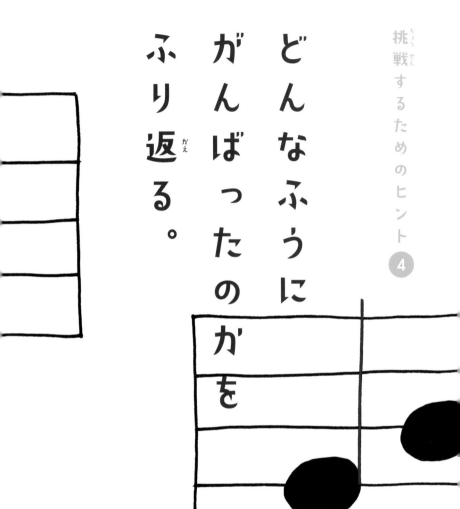

勉強《べんきょう》でも試合《しあい》や大会《たいかい》でも、結果《けっか》をふり返《かえ》るときは、「どんなふうに」がんばったのかを言葉《ことば》にしよう。ピアノをうまく演奏《えんそう》できたなら、「気《き》をつけるところは楽譜《がくふ》に印《しるし》をつけて、何度《なんど》も練習《れんしゅう》した」という具合《ぐあい》に。

挑《ちょう》戦《せん》するためのヒント 5

失《しっ》敗《ぱい》はどんどんしたほうがいい。

挑《ちょう》戦《せん》して失《しっ》敗《ぱい》した人《ひと》と、

挑《ちょう》戦《せん》していない人《ひと》。

失《しっ》敗《ぱい》をすれば、成《せい》功《こう》への道《みち》すじが

見《み》えてきて、工《く》夫《ふう》ができる。

同《おな》じように見《み》えて、

経《けい》験《けん》値《ち》は圧《あっ》倒《とう》的《てき》にちがうんだ。

挑《ちょう》戦《せん》するためのヒント6

成《せい》功《こう》は小《ちい》さなチャンスの先《さき》にある。

小《ちい》さなチャンスを
一《ひと》つひとつ確《かく》実《じつ》に
積《つ》み重《かさ》ねていくことが、成《せい》功《こう》への道《みち》。
どんなスーパースターも、
最《さい》初《しょ》は小《ちい》さな一《いっ》歩《ぽ》からはじまったんだ。

挑戦《ちょうせん》するためのヒント7

もうひとりの自分《じぶん》と比《くら》べる。

大活躍《だいかつやく》のアスリートは、
いつももうひとりの自分《じぶん》と比《くら》べてる。
きみも人《ひと》と比《くら》べるのではなく、
もうひとりのきみと勝負《しょうぶ》しよう。

堂《どう》々《どう》と真面目《まじめ》に生《い》きる。

医《い》者《しゃ》になりたい人《ひと》が、必《ひっ》死《し》になって勉《べん》強《きょう》する。
プロ野《や》球《きゅう》選《せん》手《しゅ》をめざす人《ひと》が、
サボらずに練《れん》習《しゅう》する。
夢《ゆめ》を追《お》う人《ひと》が、一《いっ》生《しょう》懸《けん》命《めい》になるのは当《あ》たり前《まえ》。
堂《どう》々《どう》と真面目《まじめ》に生《い》きよう。

挑《ちょう》戦《せん》するためのヒント9

夢《ゆめ》はかなうとは限《かぎ》らない。

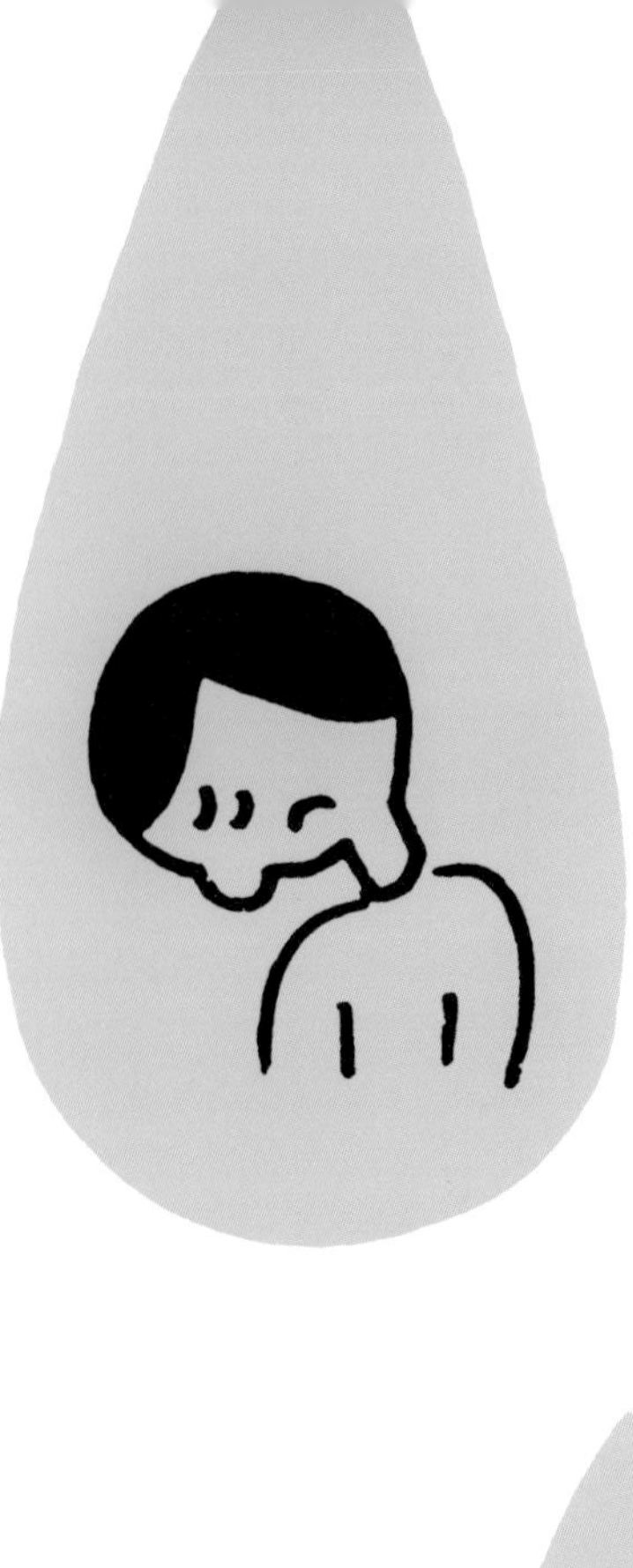

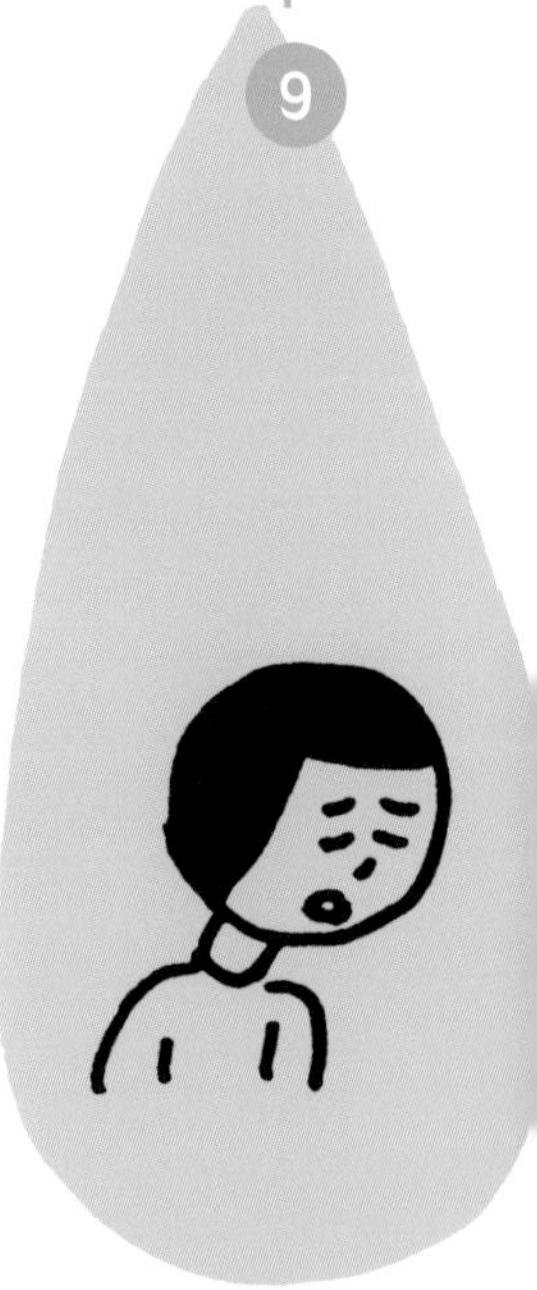

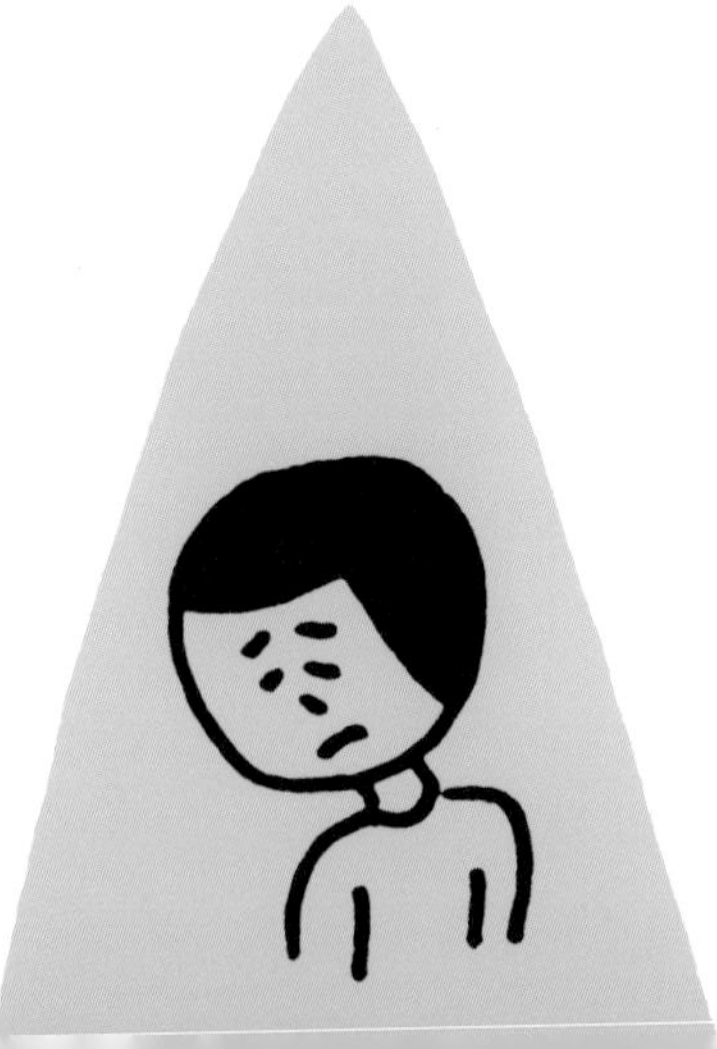

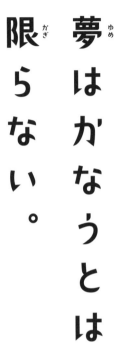

がんばったからって、
夢《ゆめ》はかなうとは
限《かぎ》らない。

でもやっぱり、夢《ゆめ》に向《む》かって
走《はし》り続《つづ》ける人《ひと》にしか
チャンスはやってこないよ。

挑《ちょう》戦《せん》するためのヒント10

失《しっ》敗《ぱい》も成《せい》功《こう》も通《つう》過《か》点《てん》。

きみたちの人生《じんせい》は、まだはじまったばかり。
いつまでも成功《せいこう》が続《つづ》くとは
限《かぎ》らないし、
今《いま》は最悪《さいあく》と
思《おも》える失敗《しっぱい》も、
ときが過《す》ぎれば
いい経験《けいけん》に変《か》わることもある。
どんな結果《けっか》であれ、
通過点《つうかてん》に過《す》ぎないんだ。

5

楽《たの》しく生《い》きる ヒント

楽《たの》しく生《い》きるヒント1

幸《しあわ》せを感《かん》じられる人間《にんげん》になる。

欲《ほ》しいものがふたつあって、
どちらかひとつを手《て》にしたとき、
「ひとつしか手《て》に入《はい》らなかった」と思《おも》うか、
「ひとつでも手《て》に入《い》れられてよかった」と思《おも》うか。
幸《しあわ》せの感《かん》じ方《かた》は、きみの考《かんが》え方《かた》しだい。

「当《あ》たり前《まえ》」のわくを外《はず》す。

「何《なん》でぼくの言《い》うことをわかってくれないの？」

と思うときってないかな？

そんなときはこう考えてみようか。

じゃあきみは
友《とも》だちの言《い》うことは
何《なん》でもわかるの？
「わかってくれて
当《あ》たり前《まえ》」という
思《おも》いこみが、
自《じ》分《ぶん》を
苦《くる》しめているのかも
しれないよ。

楽《たの》しく生《い》きるヒント 3

まわりの人《ひと》に目《め》を向《む》ける。

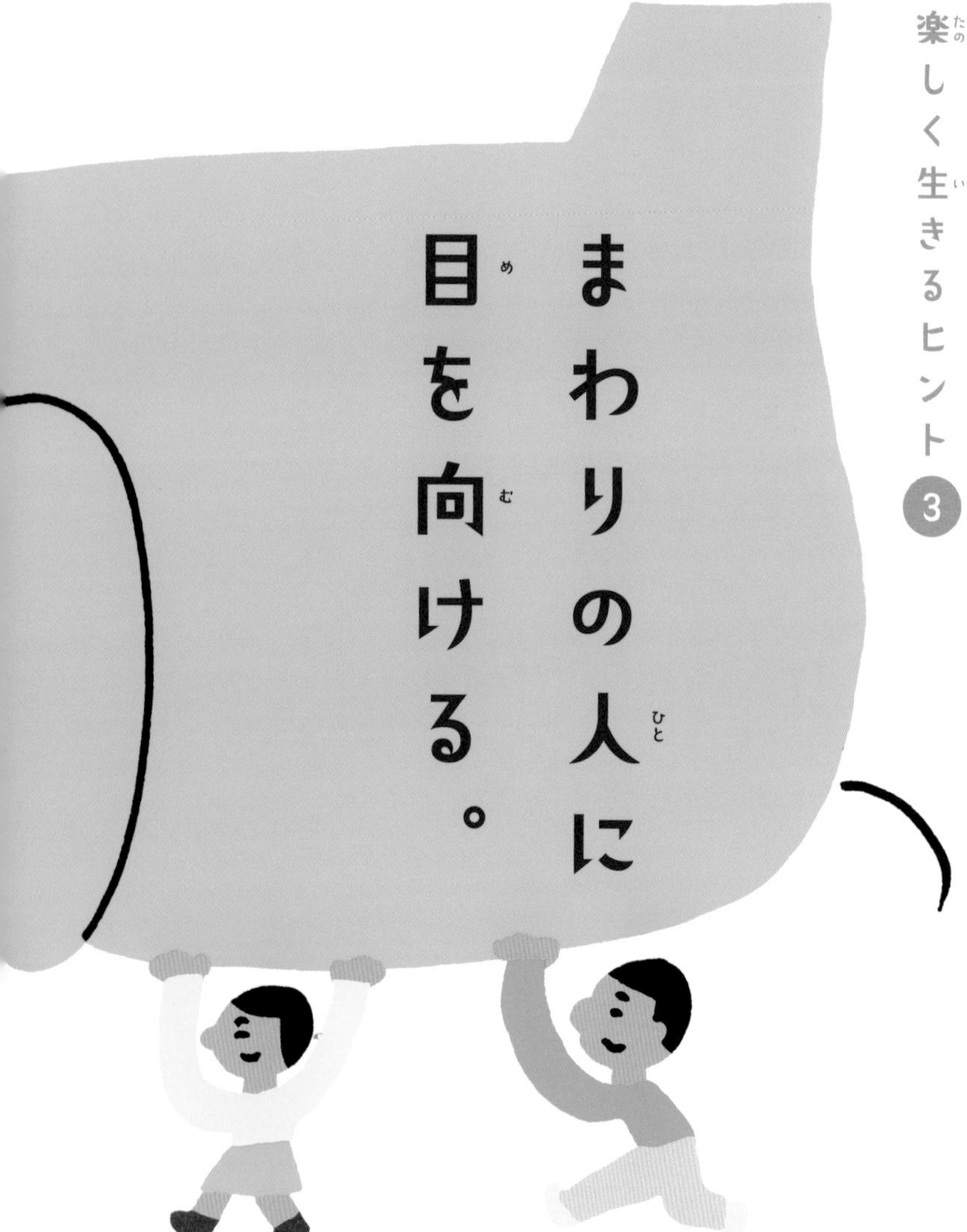

だれかといっしょにやると、
できることが増《ふ》えたり、
ひとりでは
気《き》づけないことを
見《み》つけたりできる。
クラスメイトでも、
先《せん》輩《ぱい》でも、
後《こう》輩《はい》でも、
家《か》族《ぞく》でも、
ときには立《た》ち止《ど》まって、
まわりに目《め》を向《む》けてみよう。

楽《たの》しく生《い》きるヒント 4

本《ほん》や映《えい》画《が》で新《あら》たな自《じ》分《ぶん》を発《はっ》見《けん》する。

本《ほん》を読《よ》んだり映《えい》画《が》を観《み》たりして、
日《にち》常《じょう》とはちがう世《せ》界《かい》にふれてみよう。
今《いま》までにない感《かん》情《じょう》や、
知《し》らなかった自《じ》分《ぶん》に出《で》会《あ》えるよ。

楽《たの》しく生《い》きるヒント 5

感《かん》じ取《と》る力《ちから》をみがく。

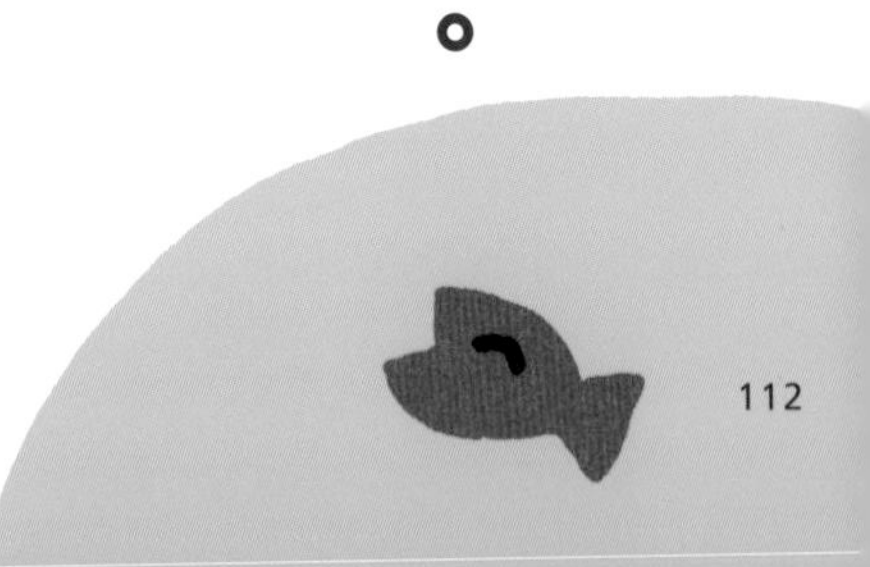

まわりの変《へん》化《か》や
人《ひと》の気《き》持《も》ちを感《かん》じ取《と》る力《ちから》は、
気《き》をつけていないと
すぐにさびついちゃうんだ。
だから常《つね》にみがき続《つづ》けることが
大事《だいじ》だよ。

楽《たの》しく生《い》きるヒント 6

「何《なん》のため」と「だれのため」を意識《いしき》する。

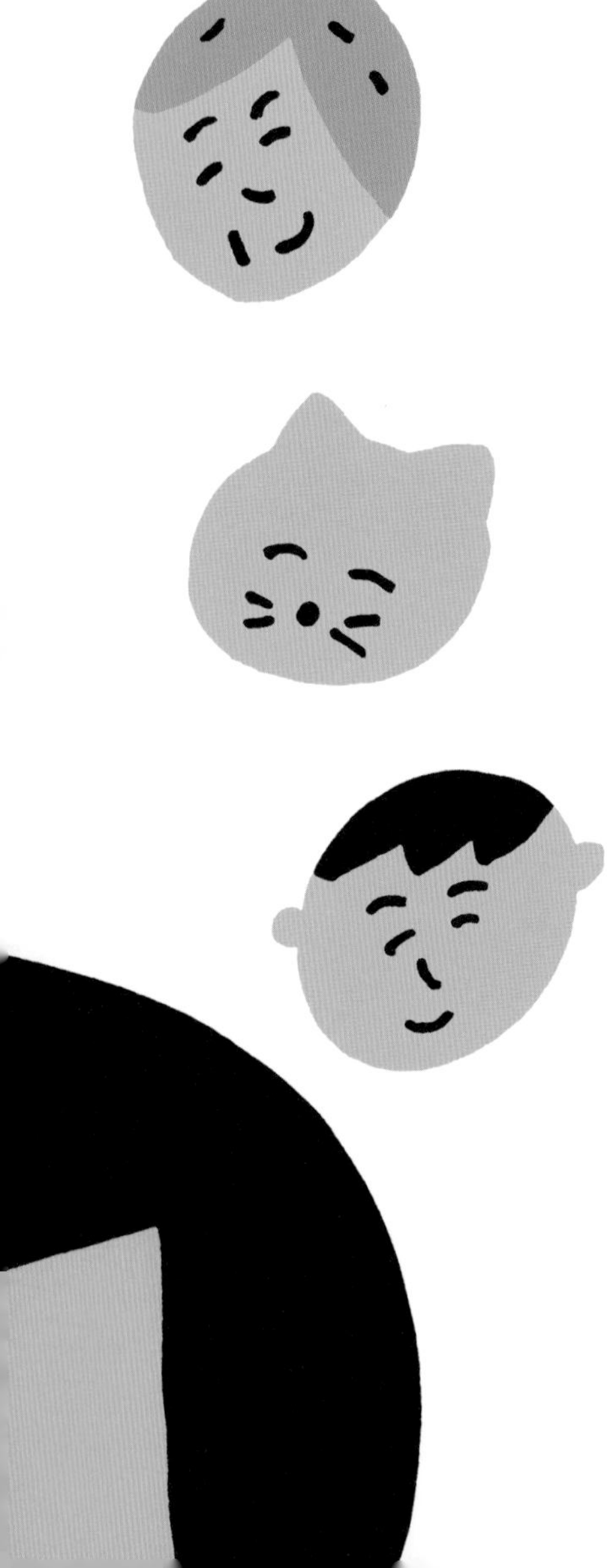

いつも
「何《なん》のためか」
「だれのためか」を
意識《いしき》して行動《こうどう》しよう。
その習慣《しゅうかん》が、本当《ほんとう》に
必要《ひつよう》なこと、だれかの役《やく》に
立《た》つことのできる人《ひと》に、
近《ちか》づくコツだよ。

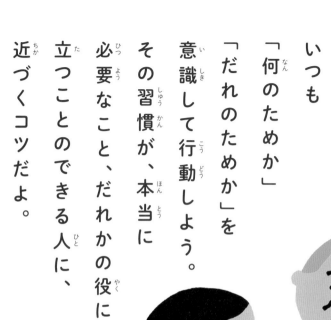

楽《たの》しく生《い》きるヒント7

のんびりと過《す》ごす時《じ》間《かん》も大《たい》切《せつ》にする。

本《ほん》を読《よ》んだり、音《おん》楽《がく》を聞《き》いたり、
テレビを観《み》たり、ゲームをしたり、
たまには目《もく》的《てき》もなく、
ボーっと思《おも》いにふけったり。
のんびり過《す》ごす時《じ》間《かん》は、子《こ》どもの特《とっ》権《けん》だよ。

楽《たの》しく生《い》きるヒント 8

「人《ひと》によく思《おも》われたい」ってすてきなこと。

落《お》ちたごみを拾《ひろ》う、

人《ひと》に席《せき》をゆずる。

こんな行《こう》動《どう》に

友《とも》だちはときどき

「いい子《こ》ぶって」

と言《い》ったりするけど、

行《こう》動《どう》するほうが、

しないより価《か》値《ち》があるんだよ。

楽《たの》しく生《い》きるヒント 9

学《がっ》校《こう》の外《そと》にも学《まな》べる場《ば》はある。

もし学校《がっこう》に行《い》くのがつらいなら、
無理《むり》に行《い》かなくたってかまわない。
ほかにも学《まな》べる場《ば》はあるし、
社会《しゃかい》とつながる方法《ほうほう》もある。
学校《がっこう》に通《かよ》うことにこだわらなくても、
立派《りっぱ》な大人《おとな》になれるんだ。

楽《たの》しく生《い》きるヒント 10

大人《おとな》ってけっこうすてきだ！

今《いま》見《み》えている景色《けしき》から、
少《すこ》しだけ視野《しや》を広《ひろ》げてみよう。
世《よ》の中《なか》には、自《じ》分《ぶん》らしさを発揮《はっき》しながら
活躍《かつやく》する大人《おとな》がたくさんいる。
すてきな大人《おとな》を見《み》つけたら、
その人《ひと》からたくさん学《まな》ぼう。
そして自《じ》分《ぶん》の将来《しょうらい》を、思《おも》いえがいてみよう。

おわりに

50個《こ》のヒントを読《よ》んでみて、どうだった？
「やってみよう！」と思《おも》ったものもあれば、「いや、これは難《むずか》しいよ」と感《かん》じたものもあるよね。それもそのはず、今回紹介《こんかいしょうかい》したヒントは、実《じつ》は大人《おとな》でも難《むずか》しいと感《かん》じるものがいくつもあるんだ。それに、自分《じぶん》には合《あ》わないなって感《かん》じたものもあるよね。

だから、できそうなものから少《すこ》しずつ取《と》り入《い》れてくれたらうれしいな。続《つづ》けていけば、だんだんと大人《おとな》になることが楽《たの》しくなってくるはずだから。

実《じつ》はもうひとつ、きみに届《とど》けたいヒントがあります。
それは、人《ひと》との出会《であ》いを大切《たいせつ》にすること。
すてきな出会《であ》いは、生《い》き方《かた》の道《みち》しるべになったり、臆病《おくびょう》な自分《じぶん》を変《か》えてくれたりと、きみの力《ちから》をびっくりするくらい高《たか》めてくれるはずです。

ただ残念《ざんねん》なことに、人《ひと》はこの「出会《であ》い」に気《き》がつかないことがあるんだ。すぐ身近《みぢか》にいる人《ひと》がその人《ひと》かもしれないし、もちろん、今《いま》はまだ知《し》らないだれかが、きみの人生《じんせい》を変《か》えるひとりになるかもね。でも、出会《であ》いはいつかこないかなと期待《きたい》するばかりじゃなくて、ときには自分《じぶん》から行動《こうどう》して出《で》会《あ》いをつくっていくべきだと思《おも》うんだ。

そして、最後《さいご》にもうひとつ知《し》っておいてほしいことがあります。きみが出会《であ》ったその人《ひと》にとって、「きみ自身《じしん》」が人生《じんせい》を変《か》えるひとりになることだってあることを。

だから、ぜひ自律《じりつ》と尊重《そんちょう》を大切《たいせつ》にし、すてきな人《ひと》になってください。

そしてきみ自身《じしん》が、だれかのすてきな出会《であ》いとなることを願《ねが》っています。

工藤《くどう》勇一《ゆういち》

横浜創英中学・高等学校校長。

1960年山形県鶴岡市生まれ。大学卒業後、山形県で公立中学校の教員となる。東京都の公立中学校の教員も務めたあと、東京都や目黒区、新宿区の教育委員会を経て、2014年4月から2020年3月まで千代田区立麹町中学校で校長を務める。麹町中では服装頭髪指導をしない、定期テストは廃止、固定担任制もなくすなど、「学校の当たり前」を見直した驚きの教育改革で注目を集めた。2020年4月より現職。

初の著書『学校の「当たり前」をやめた。――生徒も教師も変わる！　公立名門中学校長の改革』（時事通信社）は10万部を超えるベストセラーに。その他の著書に『麹町中学校の型破り校長 非常識な教え』（SBクリエイティブ）、『麹町中校長が教える 子どもが生きる力をつけるために親ができること』（小社刊）がある。

装丁　坂川朱音
本文デザイン　坂川朱音＋田中斐子（朱猫堂）
イラスト　佐々木一澄
編集協力　たなべやすこ
著者近影　榊智朗

【著者紹介】

工藤　勇一（くどう・ゆういち）

◉——横浜創英中学・高等学校校長。

◉——1960年山形県鶴岡市生まれ。大学卒業後、山形県で公立中学校の教員となる。東京都の公立中学校の教員も務めたあと、東京都や目黒区、新宿区の教育委員会を経て、2014年4月から2020年3月まで千代田区立麹町中学校で校長を務める。麹町中では服装頭髪指導をしない、定期テストは廃止、固定担任制もなくすなど、「学校の当たり前」を見直した驚きの教育改革で注目を集めた。2020年4月より現職。

◉——初の著書『学校の「当たり前」をやめた。―生徒も教師も変わる！　公立名門中学校長の改革』（時事通信社）は10万部を超えるベストセラーに。その他の著書に『麹町中学校の型破り校長 非常識な教え』（SBクリエイティブ）、『麹町中校長が教える 子どもが生きる力をつけるために親ができること』（小社刊）がある。

きみを強《つよ》くする50のことば

2020年6月22日　第1刷発行
2024年3月8日　第5刷発行

著　者——工藤　勇一
発行者——齊藤　龍男
発行所——株式会社かんき出版
東京都千代田区麹町4-1-4 西脇ビル　〒102-0083
電話　営業部：03(3262)8011㈹　編集部：03(3262)8012㈹
FAX　03(3234)4421　振替　00100-2-62304
http://www.kanki-pub.co.jp/

印刷所——シナノ書籍印刷株式会社

　ISBN978-4-7612-7498-6 C8037